Finde den Verbrecher!

Claudia Martin

ISBN: 978-3-8094-4188-5

1. Auflage

Die englische Originalausgabe erschien
unter dem Titel *I can be a Science Detective*.

Texte: Claudia Martin
Illustrationen: Katie Kear
Layout: Jeni Child
Umschlaggestaltung: Atelier Versen, Bad Aibling
Übersetzung und Redaktion: Birte Dittmann
Satz: Stephanie Raba
Herstellung: Angelika Tröger
Druck und Bindung: Alföldi, Debrecen

MIX
Papier aus verantwortungsvollen Quellen
FSC® C010328

Printed in Hungary

Inhalt

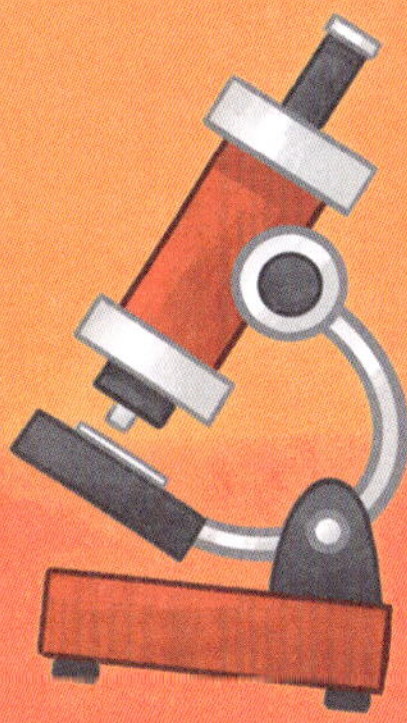

Vorbereitung ist alles

Möchtest du deine wissenschaftlichen Kenntnisse einsetzen, um Verbrechen zu lösen? Genau das machen Kriminaltechniker. Sie sammeln Beweise am Tatort und führen Tests durch, um herauszufinden: Wann und wie wurde die Tat verübt? Wer ist der Täter?

Der Täter kann am Tatort Spuren hinterlassen haben, sogenanntes »Spurenmaterial«.

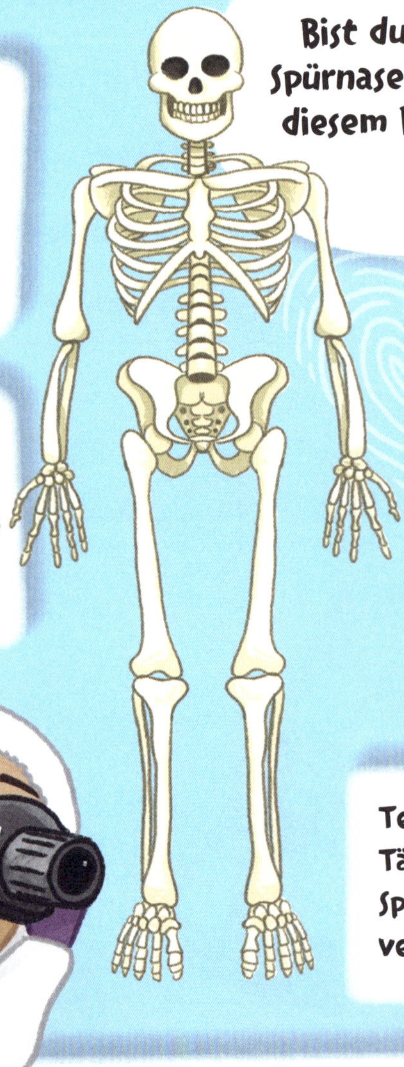

Kenntnisse über den menschlichen Körper können uns Hinweise zum Täter liefern.

Tests zeigen, ob der Täter Juckpulver, Sprengstoff oder Gift verwendet hat.

Glassplitter, Spritzer und Reifenspuren verraten, wie das Verbrechen verübt wurde.

Projekt: Pack deinen Koffer!

Bevor du deinen ersten Tatort aufsuchst, pack deinen Koffer. Du brauchst eine Ausrüstung zum Sammeln von Beweisen, einen sauberen Schutzanzug, eine Schutzmaske und Handschuhe, damit du keine Spuren am Tatort hinterlässt.

Der Spurensicherungskoffer enthält:

- Kamera
- Chemikalien für Tests
- Schutzanzug
- Spurensicherungsbeutel und Etiketten
- Fingerabdruckpulver und -pinsel
- Latexhandschuhe
- Lupe
- Schutzmaske
- Notizblock und Stift
- Teströhrchen
- Pinzetten

Welcher der drei Koffer enthält alles, was auf der Liste steht?

Fingerabdrücke untersuchen

Die Haut der Fingerkuppen ist mit einem feinen Muster aus Linien bedeckt. Berührst du blanke Oberflächen, hinterlässt dein Schweiß auf ihnen dein Fingerkuppenmuster, Fingerabdruck genannt. Kriminaltechniker können den Abdruck deutlicher sehen, wenn sie ihn mit Pulver bestäuben.

Jeder Mensch hat eigene unverwechselbare Fingerabdrücke. Wenn du am Tatort welche entdeckst, kannst du herausfinden, von wem sie sind.

Auch wenn deine Fingerabdrücke einzigartig sind, tauchen die gleichen Grundmuster auf jedem Fingerabdruck auf. Sie werden bezeichnet als Bogen, Schleife und Wirbel.

Projekt: Fingerabdrücke abnehmen

Wenn die Polizei einen Verdächtigen verhaftet, nimmt sie ihm oft mithilfe von Tinte und Papier die Fingerabdrücke ab. Probier es aus. Erkennst du in deinem Abdruck Bögen, Schleifen und Wirbel?

Du benötigst:

- 2 Blatt weißes Papier
- einen stumpfen Bleistift
- Klebeband
- eine Schere

1. Kritzel mit dem Bleistift immer wieder über dieselbe Stelle auf dem Papier.

2. Setz einen sauberen, trockenen Fingerabdruck auf die bekritzelte Fläche.

3. Leg ein Stück Klebeband auf deine Fingerkuppe und zieh es dann sanft ab. Fertig ist dein Fingerabdruck!

4. Kleb das Klebeband nun auf ein sauberes Stück Papier. Beschrifte es. Wiederhol die Schritte 1 bis 4 mit den übrigen Fingern oder mit den Fingern deiner Freunde und Familie.

Fußabdrücke untersuchen

Manchmal hinterlässt der Täter Fußabdrücke am Tatort, oft auf matschigem Boden. Auch diese Spuren können Kriminaltechniker festhalten. Sie füllen die Abdrücke mit flüssigem Gips und lassen ihn hart werden. Nun kann man den Abdruck mit der Schuhsohle des Verdächtigen abgleichen.

Verschiedene Schuhmarken haben leicht unterschiedliche Muster auf ihren Sohlen.

Betrachte deine Schuhsohlen. Die Abdrücke, die du hinterlässt, sind fast genauso einzigartig wie deine Fingerabdrücke.

Jeder geht anders. Der eine schlurft, der andere tritt besonders fest mit den Außenseiten der Füße auf.

Projekt: Wer hat die Kekse gegessen?

Jemand hat auf dem Wiesengrund-Hof die frisch gebackenen Kekse gegessen. Folge den Fußabdrücken und finde heraus, wer von den sechs Verdächtigen es getan haben könnte.

Verdächtige 1
Bäuerin Bella

Verdächtiger 2
Bauer Bernd

Verdächtiger 3
Hütehund Harro

Verdächtiger 4
Schmatz das Schwein

Verdächtige 5
Gertrude Gans

Verdächtige 6
Elsa die Elster

DNA sammeln

Zellen sind die kleinsten Bausteine deines Körpers. Fast jede Körperzelle hat lange dünne DNA-Moleküle. Die DNA enthält genaue Anweisungen für die Zellen, wie sie wachsen und arbeiten müssen. Das wird von den Eltern an die Kinder weitergegeben. Die DNA bestimmt, dass dein Körper einen Kopf und ein schlagendes Herz benötigt oder dass du zum Beispiel rotes oder schwarzes Haar und blaue oder braune Augen hast.

Projekt: Suche nach DNA-Proben!

Kriminaltechniker finden DNA in Hautteilchen, Nagelresten und im Haar. Auch aus Körperflüssigkeiten wie Blut, Schweiß, Erbrochenem, Tränen, Ohrenschmalz, Urin, Kot, Speichel und Nasenschleim können sie sie entnehmen. Nun bist du dran: In diesem Hotelzimmer sind fünf Dinge, die DNA enthalten könnten. Kreise sie ein.

DNA untersuchen

Nun wird das gesammelte DNA-Material im Labor untersucht. Zuerst wird die DNA aus ihrer Zelle extrahiert, das heißt herausgenommen. Dabei vergleichen die Wissenschaftler die DNA an den Tatortfundstücken mit der DNA des Verdächtigen.

Die DNA-Analyse gibt nie exakt darüber Auskunft, wie jemand aussieht oder sich verhält. Dafür ist der Mensch zu vielschichtig. Aber es gibt 5 Dinge, die die DNA uns über den unbekannten Täter verraten kann:

1. Ob er wahrscheinlich helle (z.B. blau, grün) oder dunkle (braun und schwarz) oder haselnussbraune Augen hat.
2. Ob er wahrscheinlich rote Haare hat.
3. Ob er dieselbe Person ist oder derselben Familie angehört wie jemand, dessen DNA-Probe bereits vorliegt.
4. Ob der Täter männlich oder weiblich ist.
5. Ob ein hohes Risiko für bestimmte Krankheiten besteht, die mit der Familien-DNA vererbt wurden.

Projekt: DNA aus einer Erdbeere extrahieren

Erdbeerzellen enthalten viel mehr DNA-Moleküle als menschliche Zellen. So ist es relativ einfach, die DNA zu extrahieren. Ein einzelnes Molekül ist zwar zu dünn, um es mit bloßem Auge zu erkennen. Aber in diesem Experiment verklumpen die Erdbeer-DNA-Stränge miteinander, sodass du sie sehen kannst.

Du benötigst:

einen Erwachsenen, der Schritt 4 übernimmt.

- eine Erdbeere
- 90 ml oder 6 EL Wasser
- 10 ml oder 2 TL Spülmittel
- ¼ TL Salz
- einen verschließbaren Gefrierbeutel
- einen Messbecher
- Löffel zum Abmessen
- ein Sieb
- eine Schüssel
- ein großes Trinkglas
- 15 ml oder 1 EL Reinigungsalkohol oder Wundbenzin (gekühlt)
- eine Pinzette

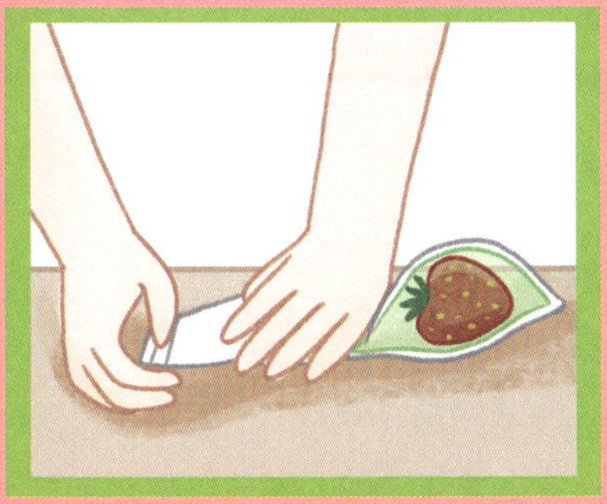

1. Leg die Erdbeere in einen Gefrierbeutel und füll Wasser, Spülmittel und Salz hinein. Lass so viel Luft wie möglich aus dem Beutel und verschließ ihn.

2. Press den Beutel mit beiden Händen für mindestens 2 Minuten zusammen, um die Erdbeere zu zermanschen. Spülmittel und Salz zerlegen die Fruchtzellen, sodass sie ihre DNA freigeben.

3. Press den Brei durchs Sieb in die Schüssel. Dann gieß ihn von der Schüssel in ein großes Glas.

4. Bitte einen Erwachsenen, behutsam einen Esslöffel gekühlten Alkohols auf die Oberfläche der Flüssigkeit tropfen zu lassen.

5. Du wirst sehen, dass sich eine weiße, zähe Pampe auf der Mischung bildet. Das ist die DNA der Erdbeere. Entnimm mit einer Pinzette die DNA und schau sie dir genau an.

Spuren hinterlassen

Täter können nicht nur ihre DNA hinterlassen. Anderes Spurenmaterial kann sein: Puderreste vom Make-up, Pulloverfussel oder die Erde von Stiefelsohlen. Oder falls ein Autofahrer nach einem Zusammenstoß mit einem anderen Auto flüchtet, könnte man ihn anhand von Farbspuren seines Wagens am Unfallauto ermitteln.

Erde besteht aus Steinkörnchen, pflanzlichen und tierischen Resten, Wasser und Luft. Die exakte Mischung ist von Ort zu Ort anders. Die Erde am Schuh kann uns also verraten, wo sich die Person aufgehalten hat.

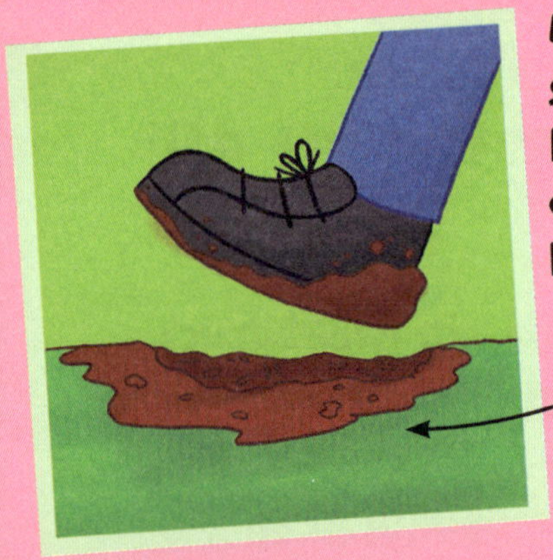

Erde kann sandig, kreidehaltig oder durch Lehm klebrig sein.

Erde kann Samen oder Pollen von Pflanzen enthalten, die nur an einem Ort wachsen.

Erde kann mit Tierkot vermischt sein, den man identifizieren kann.

Projekt: Verfolge die Spuren!

Jemand ist in das Museum für Moderne Kunst eingebrochen und hat wertvolle Meisterwerke gestohlen. Analysiere die Spuren am Tatort und finde heraus, welcher der Verdächtigen für die Tat infrage kommt.

Spuren am Tatort:

- ein Fußabdruck mit Spuren von Erde und roter Farbe
- einige Fäden schwarzen Garns
- ein langes blondes Haar

Die Verdächtigen:

Verdächtiger A ist Gärtner und Hausmeister.

Verdächtige B ist Krankenschwester.

Verdächtige C ist Landschaftsmalerin.

Kontaminierte Beweisstücke

Spurenmaterial muss sorgfältig gesammelt, aufbewahrt und untersucht werden, sonst wird es kontaminiert, also durch den Kontakt mit anderen Materialien verschmutzt. So kann der Kriminaltechniker eine DNA-Probe mit seiner eigenen DNA kontaminieren, wenn er versehentlich draufspuckt. Also immer eine Schutzmaske tragen!

Wenn ein Kriminaltechniker einen Fehler macht, kann die falsche Person verhaftet und verurteilt werden. 4 Tipps, eine Verunreinigung zu vermeiden:

1. Lass möglichst wenig Leute den Tatort betreten, solange die Beweise gesammelt werden.

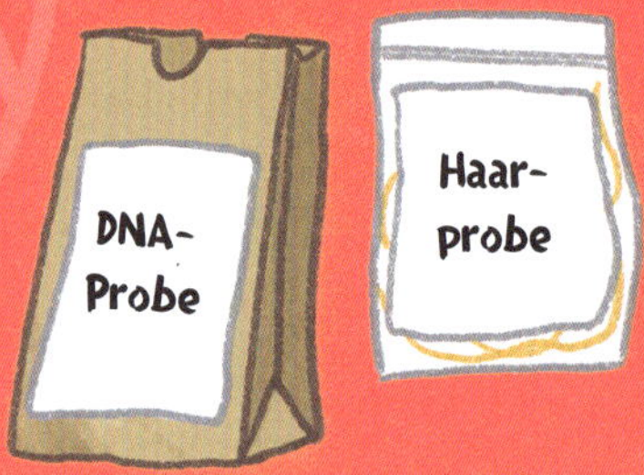

2. Jeder, der den Tatort betritt, muss einen Schutzanzug, Maske und Handschuhe tragen

3. Verstaue und etikettiere die Beweise sorgfältig.

4. Halte das Testlabor immer sauber.

Projekt: Finde die Unterschiede!

Dieser Tatort wurde kontaminiert. Wie gut, dass du sofort nach deiner Ankunft ein Foto gemacht hast! Finde 5 Beispiele für eine Verunreinigung.

Zahn-detektiv

Deine Zähne unterscheiden sich in Größe und Form von denen aller anderen. Hat dein Zahnarzt Röntgenaufnahmen von deinem Gebiss gemacht, um Löcher zu erkennen, bewahrt er sie auf. Falls jemand sein Gedächtnis verliert, wäre es also möglich, ihn anhand seiner Zahnaufnahmen zu identifizieren.

3-Jährige haben 20 Zähne. Erwachsene haben bis zu 32 Zähne. Die letzten »Weisheitszähne« wachsen im Alter zwischen 17 und 21 Jahren. Bei Erwachsenen nutzen sich Zähne durchs Kauen im Laufe der Zeit ab.

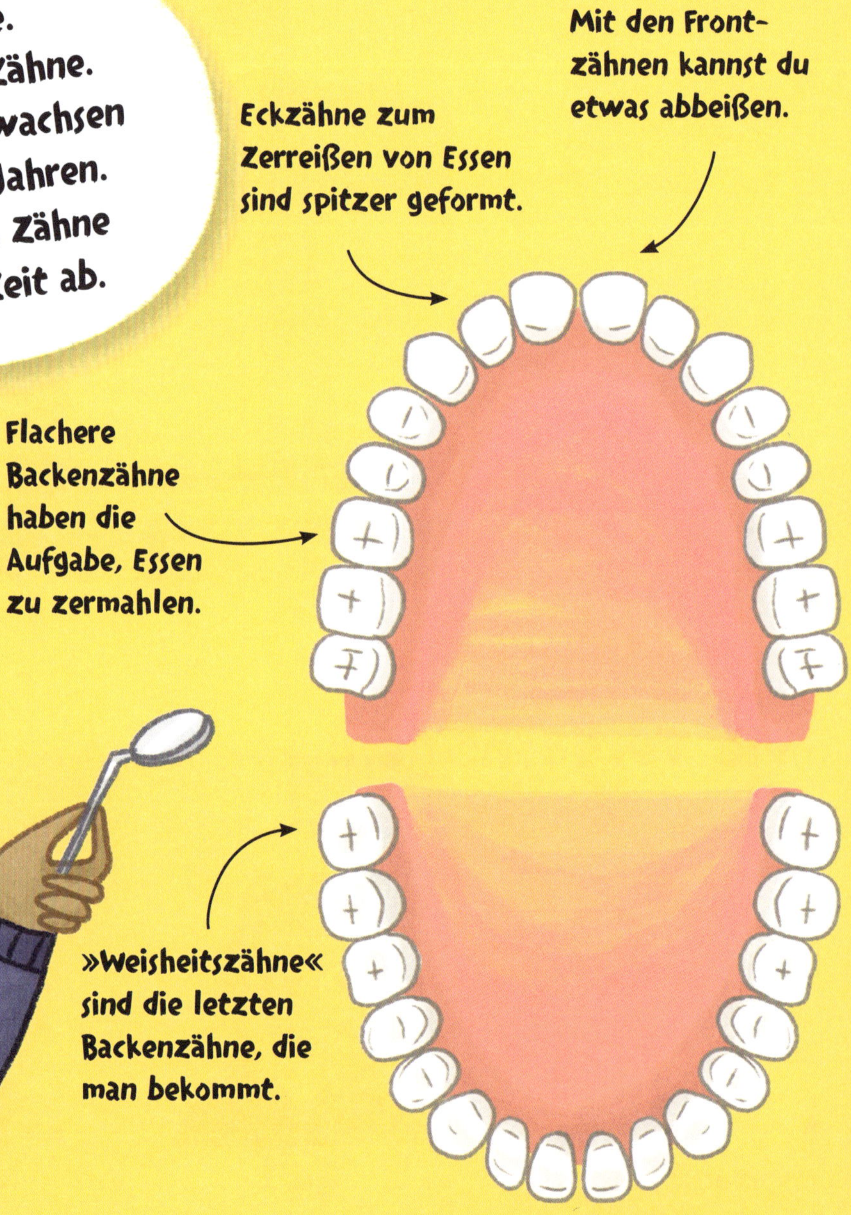

Projekt: Mysteriöse Bissspuren

Da jeder etwas anders geformte Zähne hat, hinterlässt er auch seine eigene Bissspur. Ein Dieb ist in einen Schokoladenladen eingebrochen, aber er hat einen dummen Fehler gemacht: Er hat von einer Tafel abgebissen und diese liegengelassen. Wessen Bissabdruck siehst du hier?

Die Verdächtigen:

Verdächtige 1

Verdächtiger 2

Verdächtige 3

Verdächtiger 4

Wie groß?

Menschen mit kleineren Händen und Füßen sowie kürzeren Armen und Beinen sind gewöhnlich insgesamt kleiner. Tatsächlich folgt der menschliche Körper gewissen Regeln. Deshalb können Kriminaltechniker die Größe einer Person einschätzen, wenn sie die Größe und die Schrittlänge ihrer Fußabdrücke messen. Sie können sogar die Größe eines Autoknackers abschätzen, indem sie messen, wie weit er durch das Fenster ins Innere gelangt hat.

Projekt: Streck dich aus!

Mach den Test und weise nach, dass die Länge der ausgestreckten Arme fast identisch mit der Körpergröße ist.

Du benötigst:

- ein Maßband
- Bleistift und Papier
- einen Partner zum Messen

1. Stell dich gerade hin und strecke deine Arme zu beiden Seiten aus.

2. Dein Partner misst nun die Länge vom Mittelfinger deiner linken Hand bis zum Mittelfinger deiner rechten Hand.

3. Notiert die Messergebnisse.

4. Zieh die Schuhe aus und stell dich mit dem Rücken an eine Wand. Die Füße stehen beisammen und dein Rücken ist gerade.

5. Dein Partner hält das Maßband auf Höhe deines Kopfes. Während er oder sie das Band weiter hält, liest du unten am Boden den Wert ab.

6. Notiert euch das Ergebnis aus Schritt 5, und dann misst du umgekehrt deinen Partner.

Entspricht die Länge eurer Arme eurer Körpergröße? Falls nicht: Weicht sie von eurer Größe um 5 cm nach unten oder nach oben ab? Habt ihr bewiesen, dass die Armspanne ungefähr mit der Größe identisch ist?

Nur ein Schatten?

Zeugen können widersprüchliche Aussagen machen. Kriminaltechniker wissen, wie Licht und Dunkelheit unsere Wahrnehmung beeinflussen. So sehen ein weißes und ein gelbes Auto im Straßenlampenlicht gleich aus. Ein dunkelblauer und ein brauner Mantel wirken im fahlen Licht schwarz.

- Lichtundurchlässige Objekte werfen dunkle Schatten, da das Licht nicht durch sie hindurchdringen kann.
- Durchsichtige Objekte (Glas, Wasser) lassen Licht hindurch. Sie haben keinen Schatten.
- Durchscheinende Objekte (Buntglas) blockieren einen Teil des Lichts. Sie werfen einen schwachen Schatten.

Ist einer der Räuber wirklich sehr viel größer als der andere?

Projekt: Glas-Spiel

Gerade als die Museumswärterin des Glasmuseums in ihren Zeichenblock kritzelte, stahl sich ein Dieb mit einer kostbaren Vase davon. Sie erinnert sich nur noch an einen Schatten, den sie auf ihrem Block festhält. Zu welchem der Verdächtigen könnte der Schatten passen?

Verdächtiger 1

Verdächtiger 2

Verdächtiger 3

Verdächtiger 4

Lauter Geräusche

Manchmal hören Zeugen in Tatortnähe etwas: Ein Auto rast davon oder Glas zerbricht. Geräusche entstehen, wenn ein Gegenstand vibriert. Das wiederum bewirkt eine Schwingung der Luft um ihn herum. Nach außen dringen die Vibrationen als »Schallwellen«. Erreichen sie das Trommelfell, lassen sie es ihrerseits vibrieren, und du hörst Geräusche.

Leise Geräusche wie Flüstern kommen nicht weit, da die Schallwellen abklingen und bald verschwinden. Sehr laute Geräusche wie Explosionen hört man noch in 300 km Entfernung.

Schallwellen bewegen sich mit einer Geschwindigkeit von 343 Metern pro Sekunde oder ungefähr 20 Kilometern pro Minute vorwärts.

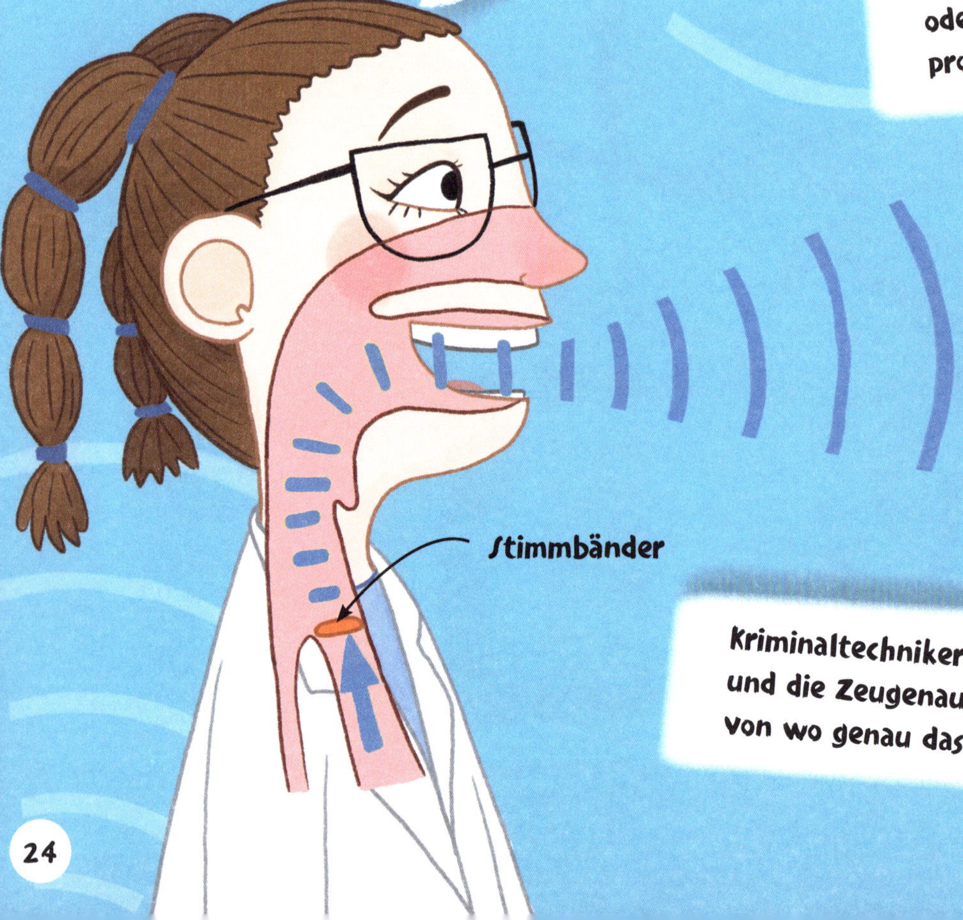

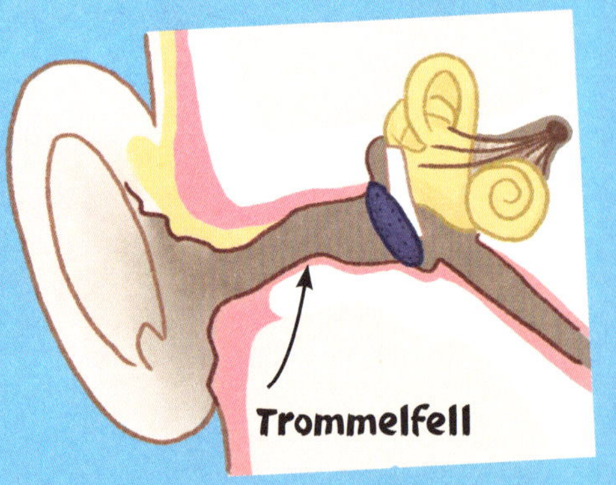

Kriminaltechniker nutzen dieses Wissen und die Zeugenaussagen, um herauszufinden, von wo genau das Geräusch herkam.

Projekt: Der Fall mit dem Knall

Jemand hat gestern gegen Mitternacht sehr laute Feuerwerke entzündet, die in allen Richtungen und über eine weite Entfernung hinweg Bewohner geweckt haben. Einer ruft die Polizei von Punkt A um 0.01 Uhr an. Von Punkt B kommt der Anruf um 0.00 Uhr und von C um 0.02 Uhr. Alle Anrufer melden sich sofort, nachdem sie das erste Feuerwerk gehört haben. Du weißt, dass Geräusche ungefähr 20 Kilometer in der Minute brauchen. Markiere auf der Karte den Punkt, wo die Feuerwerke deiner Meinung nach gezündet wurden.

Splitter und Spritzer

Ein Fenster wurde eingeschlagen! Das Muster der Glassplitter verrät dir, ob die Scheibe von innen oder außen eingeworfen wurde und sogar womit. Kriminaltechniker untersuchen auch, wie sich Flüssigkeiten (Blut oder Farbe) beim Verspritzen verhalten.

Wenn ein Einbrecher eine Scheibe zerbricht, können im Haar und in seiner Kleidung winzige Splitter (kleiner als 1 Millimeter) hängen bleiben und beweisen, dass er der Täter ist.

Kleinere Scherben können bis zu 4 Meter weit in alle Richtungen fliegen.

Wenn eine Scheibe eingeworfen wird, liegen die größeren Scherben nah am Fenster, meistens in Richtung des Einschlags.

Projekt: Spritzmuster deuten

Geh für dieses Experiment nach draußen. Bitte einen Erwachsenen, sechs rohe Eier zu »köpfen«. Gieße und spüle die Schalen aus, und befülle jede mit einer anderen Farbe. Halte in einer Tabelle die Ergebnisse des Experiments »Fallende Eier« fest.

Du benötigst:

- alte Kleidung und Schutzbrille
- Notizblock und Stift
- 6 rohe Eier (oder mehr)
- abwaschbare Farben
- ein Maßband
- alte Zeitung zum Abdecken

1. Lege in der Tabelle die Spalten »Fallhöhe«, »Weite der Spritzer« und »Sonstige Befunde« an.

2. Lege die Zeitung auf dem Boden aus. Wähle eine Fallhöhe für das erste Ei und notiere sie in der Tabelle.

3. Lass das erste Ei fallen. Notier die Spritzerweite und -form. Wähle für jedes weitere Ei eine andere Höhe (s. Schritt 4).

4. Vergrößere die Fallhöhe für jedes Ei um je 30 cm.

Die fallenden Eier werden durch die Schwerkraft vom Boden angezogen. Sie bewirkt, dass Objekte im Fallen immer schneller werden.

Wie du siehst, werden die Spritzer mit zunehmender Fallhöhe der Eier größer. Das liegt daran, dass sie mit größerer Wucht auf dem Boden aufschlagen.

Verräterischer Schmelzpunkt

Wärme kann viele feste Materialien verflüssigen. Eis schmilzt bei 0 °C, Styropor® bei 240 °C und Gold bei 1064 °C. Nützt das Wissen bei Ermittlungen? Stell dir vor, dass nach einem Feuer in einem Lager Styroporbecher, aber keine Goldteller geschmolzen sind. Die Temperatur des Feuers muss also zwischen 240 °C und 1064 °C liegen – ein Hinweis darauf, was es ausgelöst hat.

Kaum zu glauben, aber wenn Metall sehr, sehr heiß wird, kann es sich sogar in Gas verwandeln. Geschmolzenes Gold beginnt bei ungefähr 2800 °C zu verdampfen.

Wasser kann drei Zustände annehmen: fest, flüssig und gasförmig.

Bei 0 °C schmilzt Eis zu flüssigem Wasser.

Bei 100 °C kocht Wasser und fängt an zu verdampfen.

Projekt: Haltet den Eisdieb!

Was für ein heißer Tag! Jemand hat sich ein Eis geschnappt, ohne es zu bezahlen. Aber der Dieb hat vom Eisstand aus eine Eisspur hinterlassen. Zu wem führt die Spur?

Chemische Reaktionen

Eine chemische Reaktion entsteht, wenn zwei Stoffe aufeinander reagieren und sich dabei verändern. Du löst zum Beispiel eine aus, wenn du einen Kuchen backst. Die Zutaten (einschließlich Eier und Mehl) verändern sich nämlich, sobald sie miteinander vermischt und im Ofen erhitzt werden.

Um Fingerabdrücke sichtbar zu machen, wird auch Jodspray verwendet. Jod reagiert auf Fett und Schweiß in den Fingerabdrücken und lässt sie hellorange werden.

Die Chemikalie Luminol leuchtet, wenn sie auf das Eisen im Blut reagiert. Sie macht Blut sichtbar, auch wenn es weggewischt wurde.

Kriminaltechniker nutzen Chemikalien, um Substanzen aufzuspüren, die für das bloße Auge unsichtbar sind.

Projekt: Geheimtinte herstellen

Unsichtbare Tinte herzustellen, ist ein Riesenspaß! Tu so, als seist du ein Geheimagent oder eine Spionin, die ihre Geheimbotschaften vor fremden Augen verbergen. Du brauchst nur einige Dinge aus dem Haushalt und die verborgene Kraft von Zitronensaft.

Du benötigst:

- ein Blatt Papier
- Stifte
- Wattestäbchen
- Saft einer halben Zitrone
- Wasser zum Verdünnen
- Schüssel
- Löffel
- einen Fön

1. Zeichne mit Bleistift, Wachsmalstiften und bunten Markern einen Lageplan deines Zimmers.

Was passiert hier?
Zitronensaft ist eine organische Substanz, die oxidiert und braun wird, wenn man sie erhitzt. Verdünnt man ihn mit Wasser, ist es sehr schwer, ihn auf Papier zu erkennen. Niemand wird ihn wahrnehmen, bis der Saft erwärmt wird. Dann wird die Geheimbotschaft lesbar.

2. Tunke das Wattestäbchen in den verdünnten Zitronensaft. Markiere ein X auf dem Plan, wo du eine Notiz oder ein kleines Spielzeug für deine Freunde versteckt hast. Lass es trocknen.

3. Gib deinen Freunden den Plan. Sie werden das X erst sehen, wenn ihr den Plan mit einem Fön sanft erhitzt. Dann erscheint ein braunes X.

Pulver identifizieren

Kriminaltechniker müssen oft unbekannte Substanzen identifizieren. Weißes Pulver könnte Sprengstoff, Gift, eine Droge oder nur Mehl sein. Also ab damit ins Labor! Aber nie eine unbekannte Substanz mit bloßen Händen anfassen! Nicht probieren, nicht daran riechen und bei der Untersuchung Schutzkleidung tragen!

Um eine unbekannte Substanz zu identifizieren, kann ein Wissenschaftler diese Methoden nutzen:

1. Untersuche die Substanz – falls nötig, mit einem Mikroskop. Prüfe, ob sie einer bekannten Substanz ähnelt.

2. Finde heraus, ob die Substanz auf andere Stoffe chemisch reagiert (s. Seite 30).

3. Prüfe: Sinkt die Substanz im Wasser, schwimmt sie oben oder löst sie sich auf? Einige pulverförmige Stoffe scheinen im Wasser zu verschwinden, da sie sich gleichmäßig verteilen. Sie lösen sich auf.

Projekt: Mach dein eigenes Experiment!

Mach nun dein eigenes Experiment mit Mehl, Salz und Zucker. Natürlich kannst du die Zutaten mit bloßem Auge voneinander unterscheiden, aber wie kannst du die Unterschiede wissenschaftlich beweisen? Nutze dabei nur die Dinge von der Liste.

Deine »unbekannten« Substanzen:

- Mehl
- Salz
- Zucker

Das darfst du benutzen:

- ein Trinkglas
- einen Esslöffel
- Leitungswasser
- Stoppuhr
- Papier und Stift

Bau dein Experiment in Schritten auf, um die drei Substanzen zu identifizieren. Miss die Mengen und Zeiten und zeichne deine Beobachtungen auf.

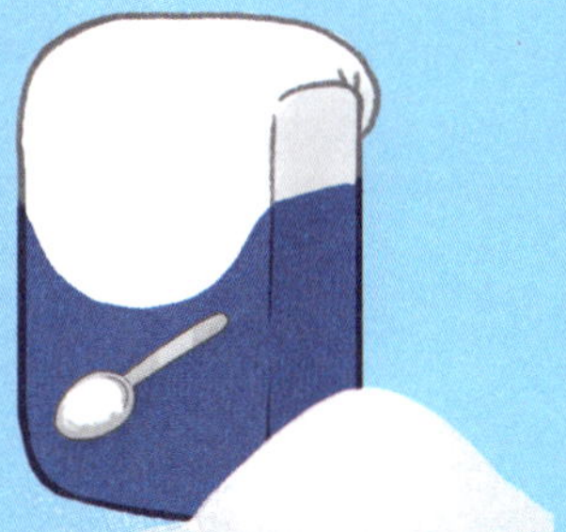

Tipp: Die Substanzen verhalten sich unterschiedlich, wenn sie ins Wasser gegeben werden: Eine von ihnen löst sich nicht auf, sondern trübt das Wasser ein und sinkt auf den Glasboden. Die restlichen beiden Substanzen lösen sich auf, aber die eine schneller als die andere.

Stoffe prüfen

Mit Glück hinterlässt der Räuber Pulloverfussel, einen Jackenfetzen, der am Fenster hängen geblieben ist, oder ein Sockenstück am Zaun. Kriminaltechniker können den Stoff identifizieren und feststellen, ob er mit den Kleidungsstücken eines Verdächtigen übereinstimmt. Dabei helfen ihnen Farbe, Zusammensetzung und Eigenschaften des Stoffs.

Stoffe haben eine ganze Reihe von Eigenschaften. Diese kann man sehen, fühlen oder messen.

Wasserfeste Stoffe lassen kein Wasser hindurch – im Gegensatz zu saugfähigen Stoffen.

Durch transparente Stoffe kann man hindurchsehen – im Gegensatz zu blickdichten Stoffen.

Feste, stabile Stoffe lassen sich kaum zerreißen – im Gegensatz zu dünnen Stoffen.

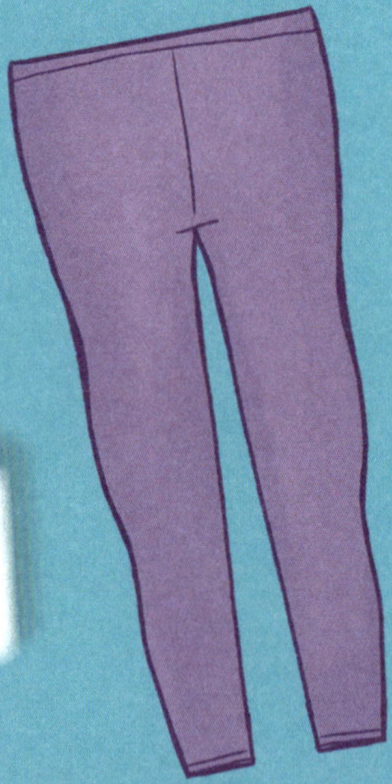

Elastische Stoffe lassen sich dehnen. Steife Stoffe kann man schwer falten.

Projekt: Identifiziere den Stofffetzen!

Während du einen Einbruch im Schwimmbad untersuchst, fällt dir ein gelbes Stück Stoff auf, das am zersplitterten Türholz hängen geblieben ist. Du bringst den Stoff ins Labor. Betrachte die Eigenschaften des Stoffes: Von welchem der abgebildeten Dinge stammt er?

Eigenschaften des Fetzens:

- blickdicht
- wasserfest
- fest und stabil
- nicht elastisch
- nicht steif

Mögliche Herkunft des Fetzens:

Magnetische Anziehungskraft

Alles auf der Erde besteht aus Bausteinen, den Atomen. Um den Atomkern kreisen kleine Teilchen, die Elektronen. Wenn Elektronen in eine Richtung kreisen, erzeugen sie eine unsichtbare Kraft, die man Magnetismus nennt. Einige wenige Metalle sind magnetisch, darunter Eisen, Nickel und Kobalt. Diese werden von Magneten angezogen und können selbst zu Magneten werden.

Ein Magnetfeld umgibt die Pole. Magnetische Metalle werden in diesem unsichtbaren Feld angezogen oder abgestoßen.

Kriminaltechniker nutzen Magnetismus, um vergrabene Dinge aus Metall wie Münzen oder Waffen zu finden.

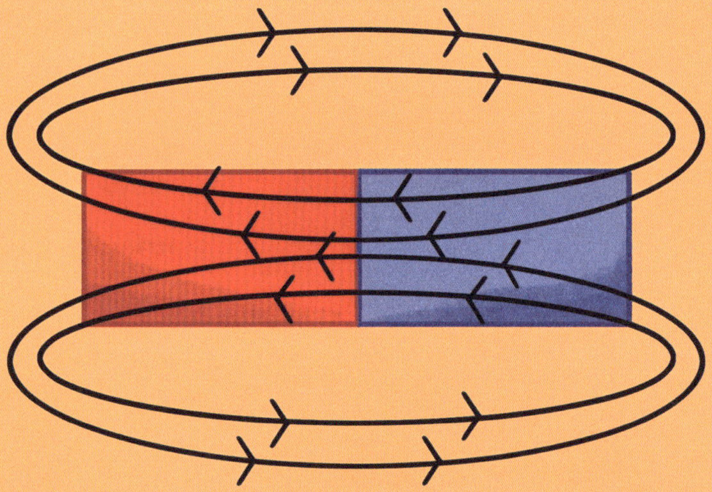

Magnete haben einen Nord- und einen Südpol. Der Nordpol eines Magneten zieht den Südpol eines anderen an und stößt dessen Nordpol ab.

Projekt: Angriff mit Magnet

Eine Diebin hält weltweit Antiquitätenläden in Atem, denn sie verwendet einen Magneten, um kostbare Dinge zu stehlen. Welches dieser Dinge aus Miss Mings Laden könnte geraubt werden?

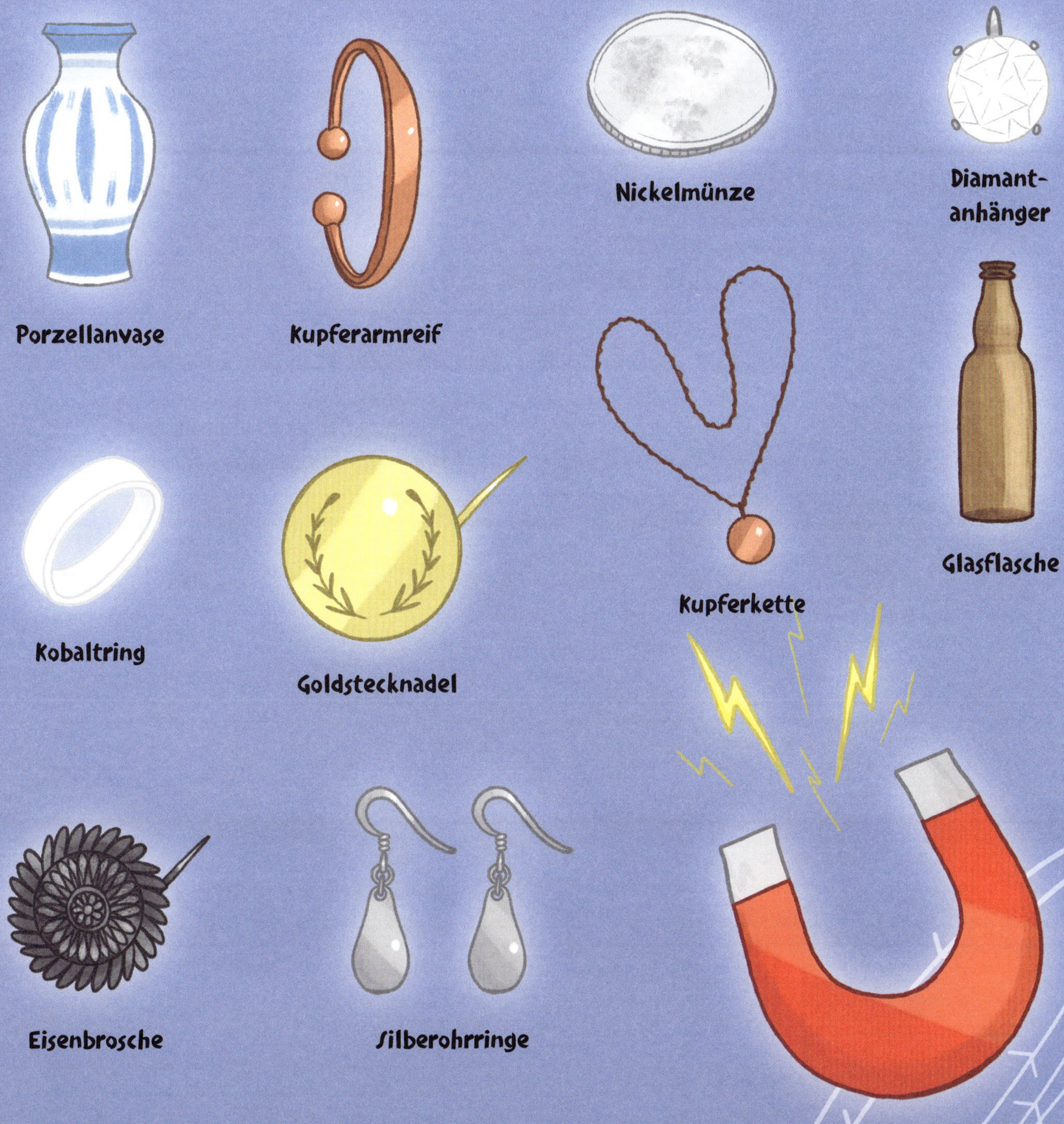

Magischer Mikroorganismus

Zu Mikroorganismen zählen Lebensformen wie Bakterien und Pilze. Sie besiedeln tote Tiere und Pflanzen. Fressen sie, vermehren sie sich. Das Ausmaß ihres Wachstums verrät dem Wissenschaftler, wie lange eine Substanz an einem Ort gelegen hat.

Mikroorganismen erledigen einen wichtigen Job. Wenn sie fressen, helfen sie, tote Pflanzen, Tiere und Abfall zu zersetzen. Gäbe es keine Verwesung, würde der Planet im Müll ersticken.

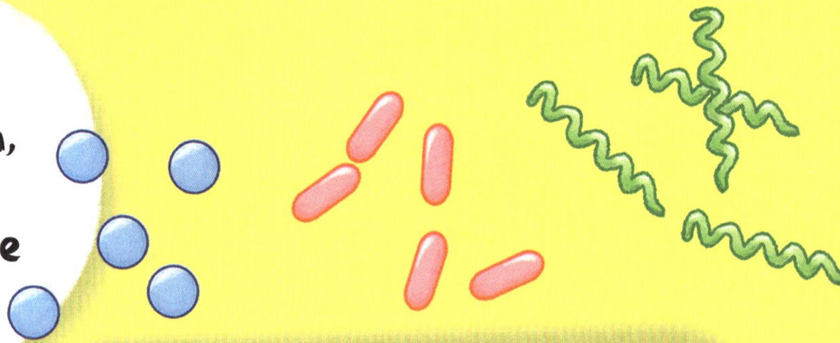

Bakterien gibt es in drei Hauptformen: Spiralen, Stäbchen und Kugeln. Tausende Bakterien fänden Platz auf dem Punkt am Ende dieses Satzes.

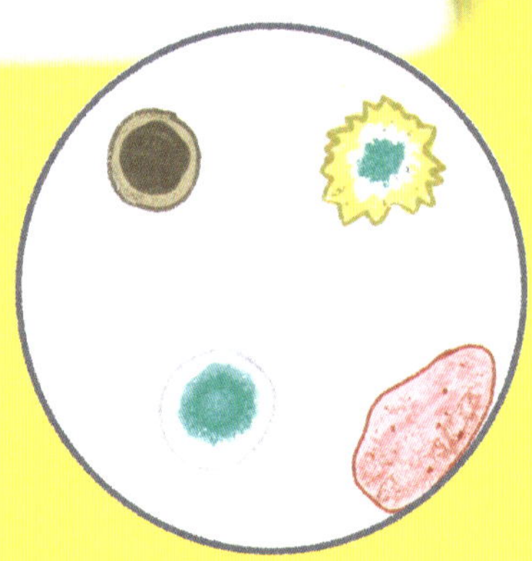

Die Bandbreite von Pilzen reicht von winzigen Mikroorganismen bis hin zu Speise- und Giftpilzen.

Projekt: Schimmel züchten

Willst du das Wachstum von Mikroorganismen studieren, lass Schimmel auf Brot wachsen. Schimmelsporen ähneln Pilzsamen. Da Sporen überall um uns herum sind, werden sie von ganz allein auf dem Brot landen.

Du benötigst:

- 3 Scheiben Brot
- eine Schüssel mit Wasser
- 3 verschließbare Gefrierbeutel
- Papier und Stift

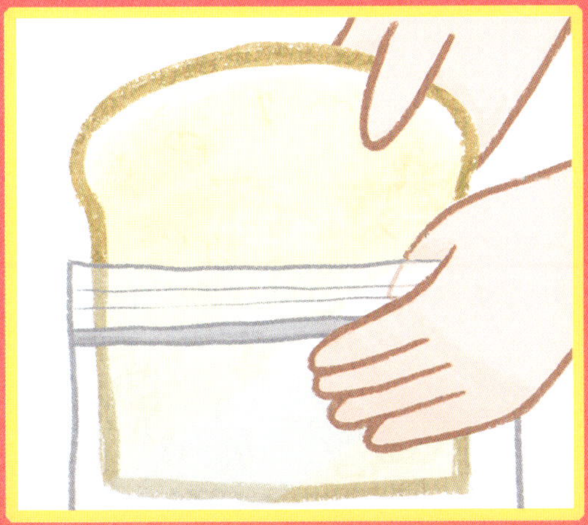

1. Tunke jede Scheibe ins Wasser und lege sie danach in einen eigenen Gefrierbeutel. Verschließe die Beutel anschließend gut.

2. Lege den ersten Beutel ins Gefrierfach, den zweiten an einen warmen Ort (nahe der Heizung), und der dritte bleibt bei Zimmertemperatur liegen.

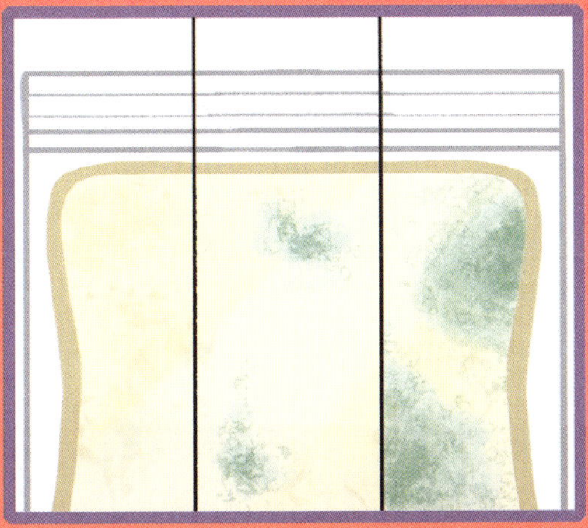

3. Ohne die Beutel zu öffnen, prüfst du das Wachstum der Mikroorganismen nach 5, 7 und 10 Tagen. Notier deine Beobachtungen ebenso wie deine Prognosen zum weiteren Wachstum.

4. Schmeiß alle Beutel weg, ohne sie zu öffnen.

Beutel nicht wieder öffnen, damit keine Schimmelsporen entweichen! Sie könnten dir Unwohlsein bescheren, insbesondere bei Allergien.

Wie sich Infektionen verbreiten

Einige Mikroorganismen lösen beim Menschen Krankheiten aus. Ein Virus verursacht Infekte wie Windpocken, die von Person zu Person übertragen werden. Manche Bakterien können nach dem Verzehr verdorbenen Essens Magenbeschwerden verursachen. Mit dem Wissen über Mikroorganismen ist es möglich zu ermitteln, wann eine Krankheit ausgebrochen ist.

Über 200 verschiedene Viren verursachen Erkältungen.

Erkältungsviren werden vom Kranken über Husten, Nieser und auf Gegenständen verwischten Rotz übertragen.

1 bis 3 Tage lang (Inkubationszeit) zeigt die angesteckte Person keine Symptome, obwohl der Virus bereits in die Zellen von Nase, Mund und Hals eingedrungen ist.

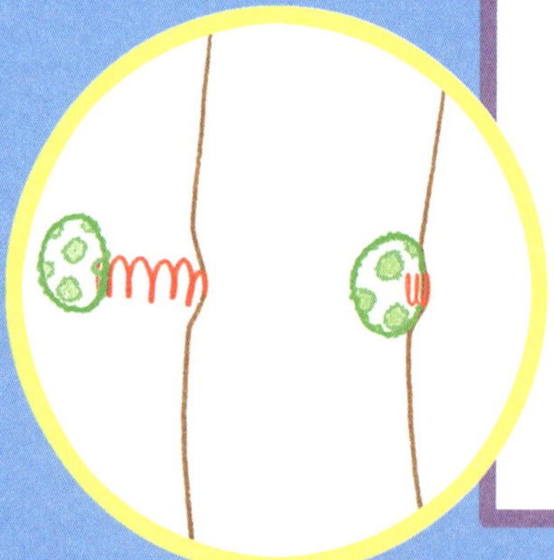

Der kranke Körper schlägt zurück. Die Symptome – wunder Hals, laufende Nase, Husten, Kopfschmerzen, Fieber – können 7 bis 10 Tage andauern.

Projekt: Wer hat die Infektion verbreitet?

Ein Dieb hat beim Einbruch in das Labor für Infektionskrankheiten ein Glasfläschchen zerbrochen und den Grünflecken-Virus freigesetzt. Er hat sich sofort angesteckt. Sieben Tage nach dem Einbruch kommen drei Verdächtige zum Verhör auf die Polizeiwache. Wer von ihnen könnte den Einbruch begangen haben?

Über den Grünflecken-Virus:

- Inkubationszeit: 3 Tage
- Einziges Symptom: große grüne Flecken
- Die Flecken verschwinden nach 5 Tagen.
- Der Infizierte ist hoch ansteckend, sobald die Flecken erscheinen.

Die Verdächtigen:

Verdächtige A
Sieben Tage nach dem Einbruch hat die Verdächtige keine Flecken, auch ihre Familie und Freunde nicht.

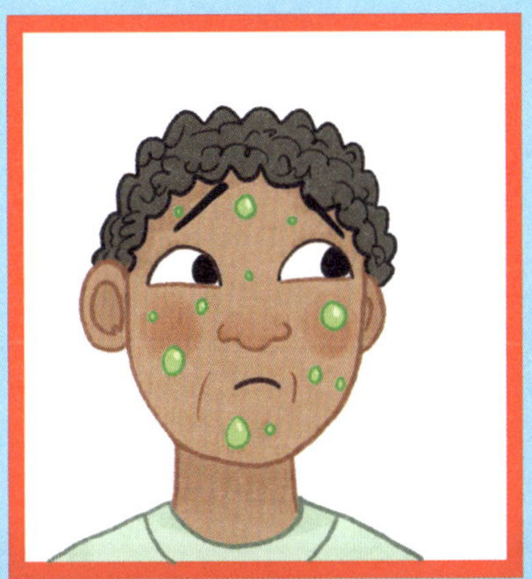

Verdächtiger B
Sieben Tage nach dem Einbruch hat der Verdächtige grüne Flecken, aber seine Familie und Freunde nicht.

Verdächtige C
Sieben Tage nach dem Einbruch hat die Verdächtige grüne Flecken, ebenso ihre Familie und Freunde.

Handschriften analysieren

Seltsam genug, aber manche Täter schreiben einen Brief an die Zeitung oder die Polizei. Handschriften-Experten vergleichen die Schrift mit einer Schriftprobe des Verdächtigen. Sie werden auch hinzugezogen, wenn jemand verdächtigt wird, die Unterschrift eines anderen auf einem Dokument gefälscht zu haben.

Achte auf die Kringel und Krümmungen bei den Buchstaben g, y und j.

Theo, der junge Fuchs, springt über den trägen Hund Roy.

Theo, der junge Fuchs, springt über den trägen Hund Roy.

Theo, der junge Fuchs, springt über den trägen Hund Roy.

Theo, der junge Fuchs, springt über den trägen Hund Roy.

Theo, der junge Fuchs, springt über den trägen Hund Roy.

Sind die Buchstaben miteinander verbunden oder voneinander getrennt?

Aufwärts geführte Striche: Senkrecht gerade oder schräg?

Handschriften-Experten achten auf diese Punkte:

1. Die Art, wie die Buchstaben geformt sind: Jeder schreibt jeden Buchstaben etwas anders.

2. Der Schreibstil: Die Art, wie Schreiben gelehrt wird, hat sich mit der Zeit verändert und ist von Region zu Region unterschiedlich.

3. Die Ebenheit und Farbintensität von Linien zeigen, wie hart ein Schreiber aufdrückt und wie schnell er schreibt.

4. Zittrige Anfänge und häufiges Absetzen des Stiftes offenbaren, dass jemand langsam schreibt und möglicherweise kopiert.

Projekt: Handschriftenvergleich

Ein Fahrraddieb hat eine fiese Nachricht hinterlassen. Von drei Verdächtigen wurden Schriftproben genommen. Wer hat den Zettel geschrieben?

Notiz vom Tatort:

Ich habe dein Rad geklaut! Haha!

Schriftproben der Verdächtigen:

Verdächtiger A

Ich habe dein Rad geklaut! Haha!

Verdächtiger B

Ich habe dein Rad geklaut! Haha!

Verdächtiger C

Ich habe dein Rad geklaut! Haha!

Keine zwei Schriftproben einer Person sind genau gleich. Suche nach Ähnlichkeiten zwischen den Proben. Achte auf Unterschiede, um Verdächtige auszuschließen.

Tinten-test

Wer etwas geschrieben hat, kann man auch mithilfe der Chromatografie herausfinden. Hierbei wird die Tinte der Notiz mit der aus dem Stift des Verdächtigen verglichen. Tinte besteht aus verschiedenen Farbpigmenten. Die Chromatografie trennt die Pigmente voneinander, damit man sie erkennt. Mit dieser Methode lässt sich auch die Farbe einer Stoffprobe mit der Farbe der Kleidung des Verdächtigen vergleichen.

Projekt: Tinte trennen

Probier die Chromatografie selbst aus! Wenn das Wasser vom Küchenkrepp aufgesogen wird, lösen sich die Farbpigmente im Wasser auf. Einige Pigmentmoleküle sind kleiner und leichter als andere. Sie verlaufen weiter auf dem Papier als andere, weshalb sich Pigmente voneinander trennen. Überlege, in welche Farbpigmente sich jede Tinte aufspalten wird.

Du benötigst:

- Küchenkrepp
- Wasser
- 4 Trinkgläser
- Abwaschbare Marker in Schwarz, Rot, Blau, Grün

1. Schneide das Blatt Küchenkrepp in 4 gleiche Streifen von je 5 cm Breite und ca. 25 cm Länge. Gieße Wasser in jedes Glas, ca. einen halben Zentimeter hoch.

2. Male auf jeden Streifen einen Punkt in einer anderen Farbe (ca. 2,5 cm vom unteren Ende gemessen).

3. Häng das Streifenende mit dem Punkt ins Glas. Pass aber auf, dass der Punkt nicht ins Wasser gleitet! Falte das obere Ende des Streifens über den Rand, damit er nicht abrutscht.

4. Das Wasser wird vom Krepp aufgesogen. Die Farben spalten sich und verlaufen auf dem Papier. Lass die Streifen trocknen und untersuche die Farbpigmente.

Computer-kriminalität

Computer, Handys und Telefone liefern der Polizei wichtige Hinweise, zum Beispiel über E-Mails, SMS und Daten (sogar gelöschten). Die Uhrzeit einer E-Mail oder SMS kann beweisen, wo der Verdächtige war. Der Inhalt einer Nachricht kann zum Hintermann führen, der einen Bankraub beauftragt hat.

Die Buchstaben am Ende von Computerdateien nennt man »Dateierweiterung«. Sie zeigen an, um was für eine Art von Datei es sich handelt:

Dateien, die auf .mp3 enden, beinhalten Töne, zum Beispiel Lieder.

Dateien, die auf .jpeg enden, beinhalten normalerweise Fotos.

Dateien, die auf .doc oder .docx enden, beinhalten meistens Texte.

Wusstest du, dass du eine Spur auf deinem Computer oder Handy hinterlässt, wenn du eine Website besuchst? Schau also nicht die Seite www.info_fluchtauto.de an, wenn du einen Bankraub planst.

Dateien, die auf .xls enden, beinhalten Tabellen und Diagramme.

Projekt: Datenforensik

Nach einem Bankraub wurde ein Verdächtiger verhaftet. Prüf die Liste der Dateien, die auf seinem Computer gefunden wurden. Finde drei, die beweisen, dass er der Täter ist.

Liste der Dateien

- Geburtstagsparty.jpeg
- Tresoreöffnen.doc
- Goldigerhund.jpeg
- Jinglebells.mp3
- Happybirthday.mp3
- Zumheulenblues.mp3
- Flauschigekätzchen.jpeg
- Ichundmeinefreunde.jpeg
- Lustigekatzenkinder.jpeg
- Frechekätzchen.jpeg
- Haarigerhund.jpeg
- Berlinerbank.jpeg
- Schöneblumen.jpeg
- Ablaufplanraub.xls
- Weihnachtsliste.doc
- Küste.jpeg
- Fröhlicheweihnacht überall.mp3

Handys orten

Wenn du mit dem Handy telefonierst, sendet es deine Worte als Funkwellen durch die Luft. Diese werden vom nächsten Sendemast erfasst, der Funkwellen über große Entfernung senden oder empfangen kann. Ein Netz von Masten sendet deine Funkwellen zum Handy der Person, mit der du gerade telefonierst.

Informationen von einem Sendemast verraten nicht nur, von wo aus jemand telefoniert hat, sondern auch, ob er sich dabei bewegt hat.

Sogar wenn du nicht telefonierst, sendet dein Handy Funkwellen aus. Diese übermitteln deine Handynummer. Wenn es eingeschaltet ist, kann es daher innerhalb von etwa 50 m geortet werden.

Der Anrufer ist während des Telefonats am selben Ort geblieben.

Der Anrufer ist während des Telefonats an mehreren Masten vorbeigekommen.

Projekt: Orte den verletzten Wanderer

Ein Wanderer hat die Bergrettung angerufen, weil er sich den Fuß verstaucht hat. Wir können die Informationen eines örtlichen Sendemastes nutzen: Das Handy ist 8 Kilometer von Mast A und 16 Kilometer von Mast B entfernt. Nimm die Routenkarte und ein Lineal oder einen Zirkel zu Hilfe. Wo ungefähr befindet sich der Wanderer?

Ein guter Zeuge?

Gibt es Augenzeugen für ein Verbrechen, ist es wichtig, sich ihre Erinnerungen genau zu notieren. Beurteile, was wahr und was unwahr, was wichtig und was unwichtig ist. Zeugen können Einzelheiten vergessen, verwirrt sein oder von anderen beeinflusst werden.

Wenn du dich an alles, was je passiert ist, erinnern würdest, wäre dein Gehirn überlastet. Es wählt aus, an was du dich erinnern musst und wie lange du das tust.

Einige Dinge scheinen unwichtig (die Anzahl der Fenster des Hauses, an dem du vorbeigehst); an sie erinnerst du dich gar nicht.

Einige Erinnerungen (z.B. »Steck das Pausenbrot in den Ranzen.«) werden nicht lange gebraucht. Das Gehirn speichert sie für kurze Zeit im vorderen Bereich, dann vergisst es sie.

Es ist erstaunlich schwer, ein guter Zeuge zu sein. Um herauszufinden, warum, lohnt es sich, mehr über das Gedächtnis zu erfahren.

Die Langzeiterinnerungen werden im Gehirn für immer gespeichert. Sie sind hilfreich (z.B. wie man liest) oder bedeutsam für uns (z.B. sehr schöne oder traurige Erlebnisse).

Projekt: Zeugenaussagen

Wärst du ein guter Zeuge oder eine Zeugin? Wie gut sind dein Langzeitgedächtnis und dein Kurzzeitgedächtnis? Finde es anhand dieser Übung heraus.

Schreib auf, was du gestern zu jeder Stunde getan hast.

Nun schreib auf, was du vor vier Wochen an einem Samstag getan hast.

Wie gut ist dein Gedächtnis? Hast du dich an einiges besser erinnert als an anderes? Konntest du manches nur noch vermuten?

Alibis bewerten

Wenn ein Verdächtiger nachweisen kann, dass er zur Tatzeit nicht am Tatort war, hat er ein Alibi. Er kann die Tat nicht begangen haben. Ein perfektes Alibi hat jemand, der während eines Verbrechens vor einem Publikum eine Rede hält. Alibis müssen stets überprüft werden.

Lass dir das Alibi des Verdächtigen von anderen Leuten bestätigen. Such nach Beweisen (eine Kinokarte oder Bilder einer Überwachungskamera), die belegen, dass er an dem von ihm angegebenen Ort war.

Für manche Alibi-Überprüfungen musst du rechnen. Beispiel: Der Verdächtige fährt ein Auto mit einer Höchstgeschwindigkeit von 80 km/h. Um 9 Uhr war er in Kleinfeld. Um 10 Uhr hat sich im 160 km entfernten Großfeld die Tat ereignet. Hätte der Verdächtige Großfeld rechtzeitig erreichen können, um die Tat zu begehen?

Die Antwort ist nein. Mit 80 km/h hätte der Verdächtige 2 Stunden für die Strecke von 160 km gebraucht. Er hätte Großfeld erst um 11 Uhr erreicht.

Projekt: Überprüf das Alibi!

Jemand hat um 16 Uhr alle Bananen aus dem Supermarkt in Blauburg gestohlen. Lies dir die Aussagen der drei Verdächtigen durch. Finde heraus, wer kein Alibi hat.

Verdächtige A

Gestern ging ich mit meinem Hund Carlo im Park von Blauburg spazieren. Dort habe ich meine Freundin Bea mit ihrem Hund Pepe getroffen, so um 15 Uhr herum. Dann bin ich nach Rotburg in die Hauptstraße gefahren, um einen Film zu gucken. Der endete um 17.30 Uhr. Carlo habe ich vor dem Film noch bei meiner Freundin Lara abgegeben. Zum Glück wohnt sie in der Hauptstraße.

Verdächtige B

Gestern Abend habe ich in Blauburg die Rolle der Dorothy in »Der Zauberer von Oz« gespielt. Das Stück begann um 19 Uhr. Gegen 15.45 Uhr war ich im Supermarkt, um vor der Probe für die Theaterkollegen Kekse zu kaufen. Die Probe begann um 16.15 Uhr. Nach dem Einkauf fuhr ich zu Bertas Blumenladen ins ca. 20 km entfernte Gelbburg, um unserer Direktorin Nina einen Strauß zu kaufen

Verdächtige C

Gestern war ich mit meinem Pudel Pepe im Blauburg-Park. Ich traf meine Freundin Emma, die mit ihrem Hund Carlo unterwegs war. Nach dem Treffen habe ich im Parkcafé Limonade getrunken. Ich blieb dort ungefähr 30 Minuten und plauderte mit dem Inhaber. Kurz danach ging ich ins Theater, um mir das von meiner Freundin Nina inszenierte Stück »Der Zauberer von Oz« anzusehen.

Lügen aufdecken

Einige Länder wie die USA nutzen Lügendetektoren, um herauszufinden, ob ein Verdächtiger die Wahrheit sagt. Sie suchen nach Anzeichen von Nervosität (z.B. ein schneller Herzschlag). Problem: Auch Unschuldige können nervös werden, während Schuldige, die es gewohnt sind zu lügen, den Test bestehen.

Sind wir nervös oder ängstlich, schüttet das Gehirn Hormone aus, die uns einen Energieschub verleihen. So können wir vor der Gefahr fliehen oder sie bekämpfen. Hier einige Anzeichen für die Hormonausschüttung:

1. Schnellerer Herzschlag
2. Schnelleres Atmen
3. Schnelleres Blinzeln
4. Erröten und schwitzen
5. Geschürzte Lippen wegen eines trockenen Munds

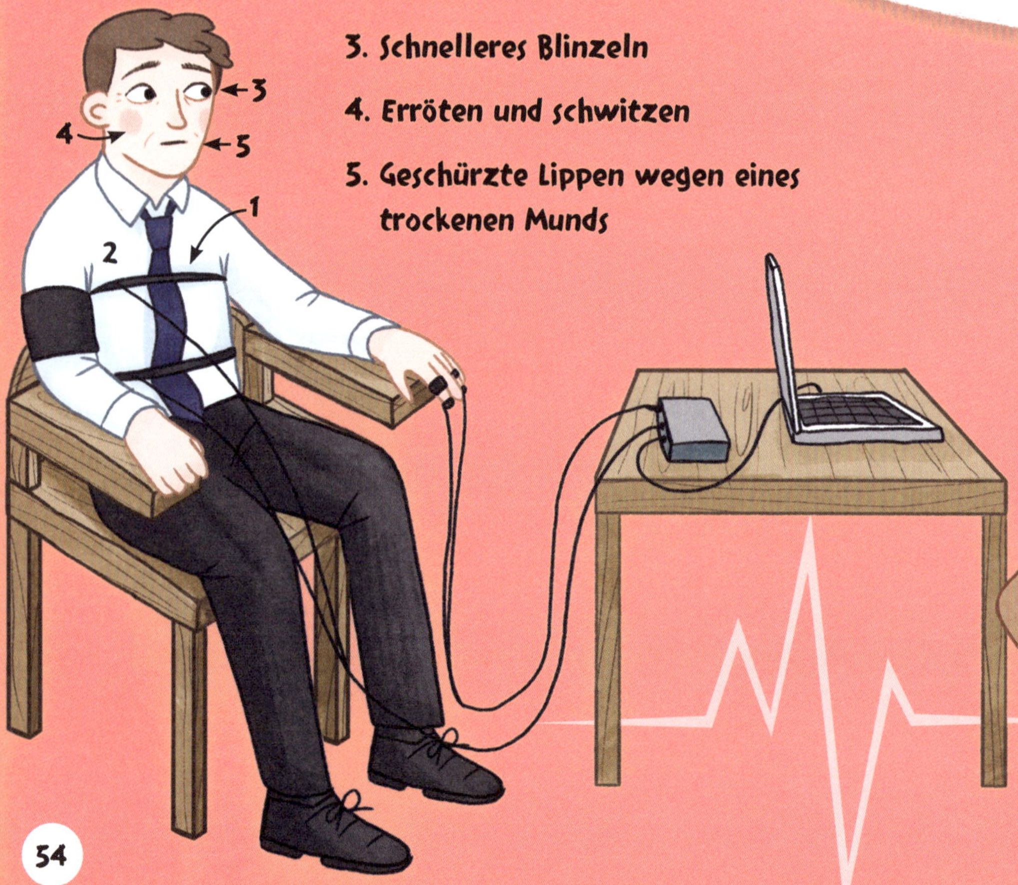

Geh nie davon aus, dass ein Verdächtiger schuldig ist, solange du keine Beweise gegen ihn gesammelt und geprüft hast und – noch wichtiger – bevor er seinen Prozess vor Gericht hatte.

Projekt: Fühlt euren Puls!

Das Herz ist ein Muskel, der durchs Zusammenziehen Blut durch den Körper pumpt. Zieht sich das Herz zusammen, schickt es eine Welle von Blut durch deine Venen. Du fühlst diesen Puls dort am besten, wo eine Vene über einen Knochen verläuft, so wie beim Handgelenk. Finde heraus, wie sich die Übung auf deinen Puls auswirkt.

Du benötigst:

- eine Stoppuhr
- Papier und Stift
- einen Partner/eine Partnerin

1. Um den Puls zu finden, leg zwei Finger auf den unteren Teil des Daumens. Schieb die Finger von dort nach unten auf dein Handgelenk. Drücke sanft, bis du das schwache Pochen des Pulses fühlst.

2. Bitte deinen Partner, die Stoppuhr zu starten. Zähle, wie oft du in 1 Minute den Puls fühlst. Ist die Minute um, sagt dein Partner Stopp.

3. Jetzt lauf 1 Minute lang auf der Stelle.

4. Sobald die Minute um ist, startet dein Partner die Stoppuhr. Zähle, wie oft du jetzt in 1 Minute deinen Puls fühlst.

5. Vergleiche die beiden Pulswerte. Was hast du dir notiert?

An die Arbeit!

Die Kriminaltechnik verbessert sich stetig. Im Altertum wurde Wissenschaft kaum genutzt, um Verbrechen zu lösen. Die Menschen wussten wenig über den menschlichen Körper, Materialien oder Kräfte. Vor allem in den letzten 150 Jahren haben Wissenschaftler neue Tests und Werkzeuge entwickelt, um Verbrechen aufzuklären.

Möchtest du Kriminaltechniker oder -technikerin werden, pass gut in den naturwissenschaftlichen Fächern auf. Lerne, Details wahrzunehmen und dir sorgfältig Notizen zu machen. Sei immer ehrlich und fair.

Eine kleine Geschichte der Kriminaltechnik:

1888 wurden erstmals Fotos verwendet, um Details eines Tatorts festzuhalten.

1892 wurde das erste Verbrechen mithilfe von Fingerabdrücken aufgeklärt.

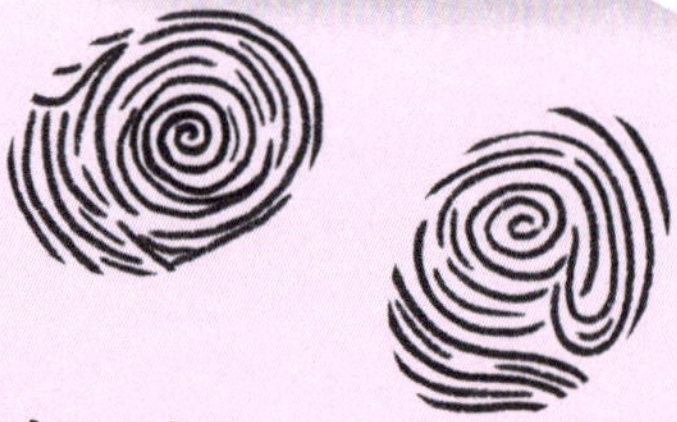

1910 wurde das erste Polizeilabor eingerichtet, um Spurenmaterial zu untersuchen.

1984 wurde die erste Polizeibehörde gegründet, die Computertechnologie zur Beweisführung bei Verbrechen einsetzt.

1987 wurden erstmals zur Aufklärung eines Verbrechens DNA-Proben als Beweismittel verwendet.

Projekt: Die ersten Schritte

Jetzt bist du Kriminaltechniker. Du kommst an deinen ersten Tatort. In welcher Reihenfolge musst du deine Arbeit verrichten?

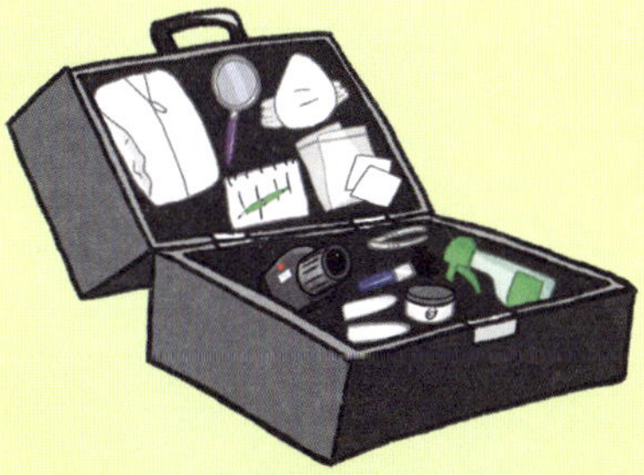

B Ohne den Tatort durcheinanderzubringen, schau ihn dir genau an. Finde heraus, welche Beweisstücke vorhanden sind, und sammle sie ein.

A Pack die Beweise in saubere Beutel oder Kisten. Versiegel und beschrifte diese. Schreib deinen Namen auf die Etiketten. So kommt niemand an die Beweise, ohne dass du es merkst.

C Such nach Spuren und DNA-Beweisen.

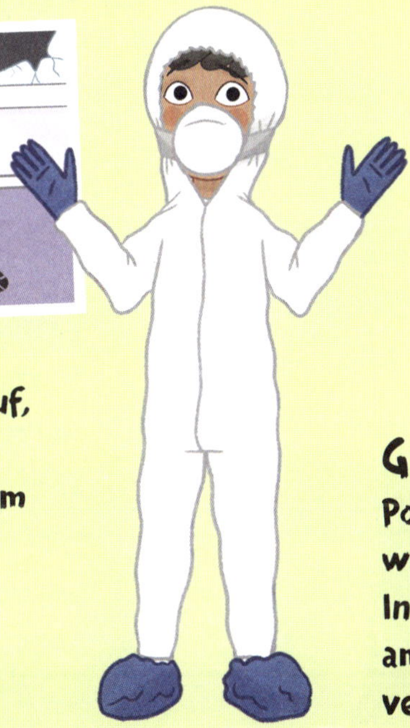

E Zieh Handschuhe, Schutzmaske und -anzug über. Sperr den Tatort mit Polizeiabsperrband ab, sodass ihn keiner unerlaubt betreten kann.

D Fotografier den Tatort. Achte darauf, dass du die ganze Szene und jedes Beweisstück erfasst. Mach dir zu jedem Detail Notizen.

G Frage den Polizeibeamten, wer für Informationen am Tatort verantwortlich ist.

F Stell sicher, dass die versiegelten Beweisstücke nur von dir selbst oder einem zuverlässigen Beamten ins Polizeilabor gebracht werden. Führ eine Liste über alle Beutel und Kisten.

Teste dein Wissen

Hast du gut aufgepasst? Teste dein neu erworbenes Wissen zur Kriminaltechnik und versuch, die Fragen zu beantworten.

1. Zeigt dieses Fingerabdruckmuster eine Schleife oder einen Wirbel?

2. Richtig oder falsch? Deine DNA stimmt mit der deiner Mutter überein, aber unterscheidet sich von der deiner Cousine.

3. Wonach musst du an einem Tatort suchen? Liste drei Arten von Spurenmaterial auf.

4. Warum tragen Kriminaltechniker Gesichtsmaske, Handschuhe, Schutzanzug und Schuhüberzieher?
Damit …

A) … der Polizeibeamte den Techniker am Tatort leichter erkennen kann.

B) … sie ihre eigene Kleidung nicht schmutzig machen.

Weil …

C) … es wichtig ist, dass die Kriminaltechniker den Tatort nicht verunreinigen, zum Beispiel durch Rückstände ihres Körpers, ihrer Kleidung oder ihrer Schuhe.

5. Wie schnell bewegen sich Schallwellen durch die Luft?

A) 34 m/Sek
B) 343 m/Sek
C) 3,434 m/Sek

6. Achte auf die Dateierweiterungen. Hinter welcher Datei verbirgt sich vermutlich ein Lied, hinter welcher ein Foto und welche ist eine Textdatei?

Einkaufen.doc
Ferien.jpeg
Meinenummereins.mp3

7. **Welche 5 Anzeichen können darauf hindeuten, dass der Verdächtige lügt?**

Schnellerer Herzschlag
Augenrollen
Sabbern
Geschürzte Lippen
Langsameres Blinzeln
Schnelleres Atmen
Niesen
Erröten oder Schwitzen
Schnelleres Blinzeln
Schluckauf

8. **Richtig oder falsch? Zeugen sind sich über die Tatbestände immer einig. Falls sich ihre Aussagen unterscheiden, bedeutet es, dass einer von ihnen lügt.**

9. **Wie viele Zähne hat ein Erwachsener in der Regel?**

A) 32
B) 36
C) 40

10. **Du findest einen Füller, den eine Verdächtige benutzt haben könnte. Was brauchst du, um deinen Verdacht zu beweisen? Fingerabdrücke oder DNA?**

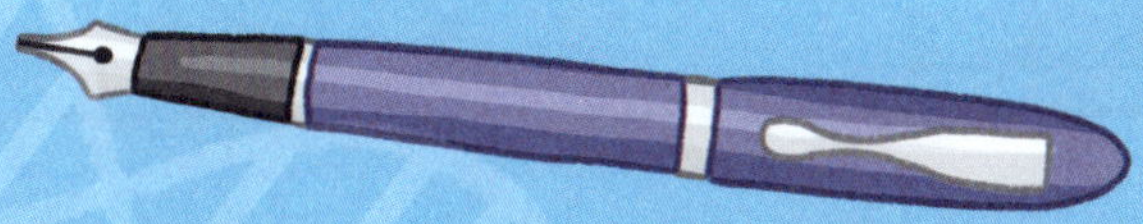

Trag hier deine Antworten ein und vergleiche sie mit denen auf Seite 61.

1 ....

2 ....

3 ....

4 ....

5 ....

6 ....

7 ....

8 ....

9 ....

10 ....

Lösungen

Seite 5 Koffer 3 enthält alle nötigen Utensilien.

Seite 9 Verdächtiger 4: Schmatz, das Schwein, hat alle Kekse gegessen.

Seite 11

Seite 15 Es könnte sich lohnen, Verdächtige C zum Verhör einzubestellen.

Seite 17

Seite 19 Verdächtige 3 hat von der Tafel abgebissen.

Seite 23 Der Schatten passt zum Verdächtigen 3.

Seite 25 Das Feuerwerk wurde in der Nähe von Punkt B gezündet.

Seite 29

Seite 33 Gib von jeder Substanz einen Esslöffel in ein Glas mit Wasser. Sobald die Substanz mit dem Wasser in Kontakt kommt, starte die Stoppuhr. Rühre das Wasser in den Gläsern regelmäßig um, damit sich die Substanzen auflösen. Der Esslöffel Mehl wird sich nicht auflösen. Wenn du mit dem Rühren aufhörst, sinkt das Mehl auf den Grund des Glases. Der Esslöffel Zucker wird sich schneller auflösen als das Salz. Je größer die Menge an Zucker und Salz, desto länger dauert es, bis sie sich auflösen und umso größer wird der Zeitunterschied zwischen ihnen sein.

Seite 35 Das Stück Stoff wurde aus dem Regenmantel gerissen.

Seite 37 Die Eisenbrosche, die Nickelmünze und der Kobaltring sind magnetisch und könnten daher gestohlen werden.

Seite 41 Angesichts der Symptome von der Verdächtigen C, ihrer Familie und ihren Freunden könnte sie den Einbruch begangen haben.

Seite 43 Verdächtiger B hat die Nachricht geschrieben.

Seite 47 Die Dateien Tresoreöffnen.doc, Berlinerbank.jpeg und Ablaufplanraub.xls sollte man genauer untersuchen.

Seite 49

Seite 53 Verdächtige A hat vermutlich ihren Hund bei Lara in Rotburg um 16 Uhr abgeliefert. Frage Lara, ob das Alibi stimmt. Verdächtige B hat möglicherweise um 16 Uhr Blumen in Gelbburg gekauft. Kläre in Bertas Blumenladen, ob das passt. Verdächtige C hat für 16 Uhr kein Alibi. Verdächtige C traf Verdächtige A mit ihrem Hund Carlo im Blauburger Park gegen 15 Uhr, danach war sie eine halbe Stunde im Parkcafé. Wir wissen also nicht, wo sie zwischen 15.30 Uhr und 19 Uhr, das heißt zu Beginn der Aufführung von »Der Zauberer von Oz«, gewesen ist.

Seite 57 Die korrekte Reihenfolge der Schritte ist G, E, B, C, D, A, F

Seite 59

1. Das Fingerabdruckmuster ist ein Wirbel.

2. Falsch. Die Hälfte deiner DNA hast du von deiner biologischen Mutter und die andere Hälfte von deinem biologischen Vater. Daher hat niemand auf der Welt die gleiche DNA wie du (außer du hast einen eineiigen Zwilling).

3. Danach solltest du beispielsweise suchen:
- Fußabdrücke
- Fingerabdrücke
- Körperflüssigkeiten
- Haare
- Erde, Schmutz
- Farbe
- zerbrochenes Glas
- winzige Stoffstücke

4. C

5. B

6. Einkaufen.doc ist vermutlich eine Textdatei; Ferien.jpeg beinhaltet wahrscheinlich ein Foto; Meinenummereins.mp3 enthält vermutlich ein Lied.

7. Schnellerer Herzschlag
Geschürzte Lippen
Schnelleres Atmen
Erröten oder schwitzen
Schnelleres Blinzeln

8. Falsch. Menschen erinnern sich oft unterschiedlich. Die Unterschiede bedeuten also nicht, dass einer der Zeugen bewusst gelogen haben muss.

9. A

10. Beides. Zusätzlich kannst du noch die Tinte auf dem Blatt Papier mit der Tinte im Füller vergleichen, um zu sehen, ob sie übereinstimmen.

Glossar

Alibi Der Beweis, dass eine Person zur Tatzeit an einem anderen Ort als dem Tatort gewesen ist.

Analyse Die sorgfältige Untersuchung von etwas, um es zu verstehen.

Anziehungskraft Eine Kraft, die Objekte aufeinander zubewegen lässt. Je größer das Objekt, desto größer ist seine Anziehungskraft. Die Anziehungskraft der Erde ist daher sehr viel größer als die eines Kindes.

Auflösen Geschieht, wenn ein Stoff mit einer Flüssigkeit vermischt wird und ein Bestandteil von ihr wird.

Augenzeugen Menschen, die ein Verbrechen beobachtet haben.

Bakterien Mikroorganismen mit nur einer Zelle; einige können beim Menschen Krankheiten auslösen.

Beweise Informationen oder Materialien, die belegen, ob etwas wahr oder unwahr ist. Beweise können vor Gericht verwendet werden, um die Tatbestände eines Verbrechens zu untermauern.

Chemische Reaktion Eine Umwandlung, die stattfindet, wenn sich zwei oder mehr Stoffe miteinander verbinden, um einen neuen Stoff zu bilden.

Chromatografie Eine Methode, um die verschiedenen Bestandteile einer Mischung voneinander zu trennen.

Datenforensik Datenforensiker erfassen, analysieren und werten digitale Spuren aus, die Täter im Computersystem oder auf Datenträgern hinterlassen haben.

DNA (Desoxyribonukleinsäure) Substanz, die in den Zellen von fast jedem Lebewesen zu finden ist. Sie kontrolliert das Wachstum und die Arbeit der Zellen. Die in der DNA enthaltenen Erbinformationen werden von den Eltern an die Kinder weitergegeben.

Durchscheinend oder **transluzent** Man kann durch etwas hindurchsehen, aber die Objekte auf der anderen Seite sind unklar und verschwommen.

Durchsichtig oder **transparent** Man kann durch etwas hindurchsehen, und die Objekte auf der anderen Seite sind klar und eindeutig erkennbar.

Eigenschaften Die Beschaffenheit von Substanzen, die gesehen, gefühlt oder gemessen werden können.

Extrahieren Etwas heraustrennen oder -ziehen, zum Beispiel eine Substanz aus einer Pflanze.

Fälschen Etwas kopieren, um zu täuschen oder zu betrügen.

Festkörper oder **Feststoff** Material, das fest ist und seine Form behält.

Flüssigkeit Eine Substanz, die fließt, zum Beispiel Wasser, Milch oder Essig.

Funkwellen Unsichtbare Energie, die sich durch die Luft bewegen kann. Funkwellen werden oft genutzt, um Nachrichten zu übermitteln (im Radio, im Fernsehen) oder Telefongespräche zu ermöglichen.

Inkubationszeit Die Zeitspanne zwischen dem Kontakt mit einer Krankheit und dem Ausbruch erster Symptome.

Jod Eine violette Chemikalie mit natürlichem Vorkommen auf der Erde.

Kontaminieren Wenn etwas verunreinigt wird, zum Beispiel Beweisspuren an einem Tatort.

Körperflüssigkeiten Flüssigkeiten, die der Körper produziert, einschließlich Blut und Tränen.

Kriminaltechniker Experten, die mithilfe wissenschaftlicher Methoden Beweise sammeln und untersuchen, um einen Fall zu lösen. In der Wissenschaft geht man Dingen und Sachverhalten durch genaues Beobachten und Experimentieren auf den Grund.

Laboratorium Ein Raum oder ein Gebäude, das zum Zweck wissenschaftlicher Experimente und Forschung eingerichtet wurde.

Lichtundurchlässig oder **opak** Man kann durch etwas nicht hindurchsehen.

Lügendetektor Ein Gerät, das laufend körperliche Vorgänge wie Blutdruck, Puls oder Atmung aufzeichnet, während eine Person befragt wird. Er wird auch als Polygraf bezeichnet.

Luminol Eine künstlich hergestellte Chemikalie, die durch chemische Reaktionen zum hellblauen Leuchten gebracht werden kann.

Mikroorganismen Lebewesen, die viel zu klein sind, um sie ohne Mikroskop zu erkennen.

Mikroskop Ein optisches Instrument. Mithilfe der Linsen lassen sich winzige Objekte oder Lebewesen so vergrößern, dass man sie betrachten kann.

Molekül Eine Gruppe von Atomen, die miteinander verbunden sind.

Oxidation Eine chemische Reaktion, bei der ein Stoff mit Sauerstoff reagiert.

Pigment Ein Stoff, der Materialien eine schwarze, weiße oder andere Farbe verleiht.

Pilze Lebewesen, die ihre Nahrung aus verrottendem Material oder von anderen Lebewesen beziehen.

Pollen Blütenstaub, der durch den männlichen Teil einer Blüte produziert wird. Empfängt der weibliche Blütenteil den Staub, können Samen produziert werden.

Probe Eine kleine Menge eines Stoffes für Testzwecke.

Schallwellen Vibrationen oder Schwingungen, die von einer Schallquelle ausgesendet werden.

Schmelzpunkt Die Temperatur, bei der ein Festkörper vom festen in den flüssigen Zustand übergeht.

Sporen Zellen, die sich zu neuen Organismen entwickeln können, ohne mit anderen Zellen zu verschmelzen. Pilze, Bakterien und andere Lebewesen können Sporen bilden.

Spurenmaterial Material, das bei einem Verbrechen am Tatort hinterlassen wurde, z.B. Haar, Abfall, Stofffäden, Erde oder Glas.

Substanz Wort aus dem Lateinischen, wörtlich »das, woraus etwas besteht«; Material oder Stoff.

Symptome Anzeichen, die auf Veränderungen im Körper und Gehirn hindeuten, verursacht durch eine Krankheit.

Trommelfell Eine dünne Haut innerhalb des Ohrs, die sich sehr schnell vor- und zurückbewegt, wenn Schallwellen sie erreichen.

Verdächtige Personen, von denen man annimmt, sie könnten ein Verbrechen verübt haben.

Verdampfen Wenn Flüssiges sich in Gasförmiges verwandelt.

Verwesung Der Vorgang des Verrottens und Zerfallens; er wird durch Bakterien und Pilze in Gang gesetzt.

Vibrieren Schnelles Hin- und Herbewegen, schwingen.

Viren Mikroorganismen, die sich nur in Zellen von anderen Lebewesen vermehren können (indem sie sich vervielfältigen). Viren können Krankheiten verursachen.

Zellen Winzige Bausteine, aus denen alle Lebewesen gemacht sind. Alle Lebewesen sind entweder Einzeller oder bestehen aus Zellen, die zusammenarbeiten.

Zellkern Das »Gehirn« einer Zelle, das die Zellfunktion überwacht, einschließlich Wachstum und Vermehrung. Er enthält die Erbinformationen eines Menschen.

Register

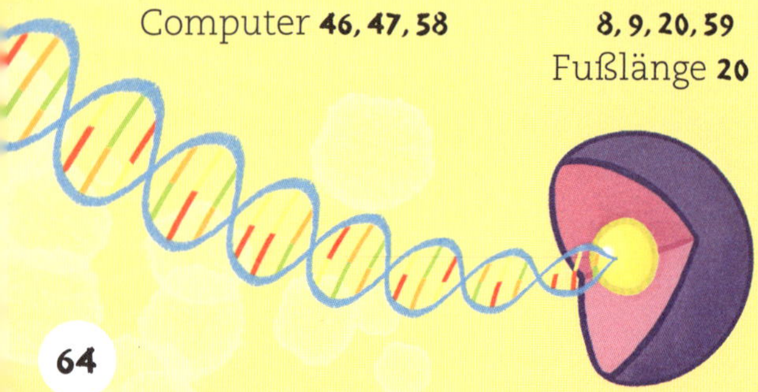